이토록 불편한 바이러스

글 강병철

서울대학교 의과대학을 졸업하고 같은 대학에서 소아과 전문의가 되었습니다. 현재 캐나다 밴쿠버에서 번역가이자 출판인으로 살고 있으며, 도서출판 꿈꿀자유 서울의학서적의 대표이기도 해요. 《툭하면 아픈 아이, 흔들리지 않고 키우기》《성소수자》(공저)《서민과 닥터 강이 똑똑한 처방전을 드립니다》(공저)를 썼고, 《인수공통 모든 전염병의 열쇠》《자폐의 거의 모든 역사》《사랑하는 사람이 정신질환을 앓고 있을 때》《뉴로트라이브》《면역항암제가 온다》《아무도 죽지 않는 세상》《코로나 시대에 아이 키우기》들을 우리말로 옮겼어요.

그림 최경식

어릴 때 과학자가 꿈이었던 적이 있습니다. 그래서인지 그림을 그리며 살게 된 후로 과학과 관련된 그림은 더 즐거운 마음으로 작업하곤 합니다. 《원자력 논쟁》《우리 뇌에 컴퓨터를 업로드할 수 있을까?》《주기율표를 읽는 시간》 그리고 그림책 《나는 화성탐사로봇 오퍼튜니티입니다》들에 그림을 그렸습니다.

이토록 불편한 바이러스

초판1쇄 발행 2021년 6월 7일
글 강병철 | 그림 최경식
편집 이선아·전현정 김서중 김채은 정윤경 | 디자인 이아진 | 제작 박천복 김태근 고형서
마케팅 윤병일 김수진 박유진 | 홍보디자인 최진주
펴낸이 김경택 | 펴낸곳 (주)그레이트북스
등록 2003년 9월 19일 제313-2003-000311호
주소 서울시 구로구 디지털로31길 20 에이스테크노타워5차 12층
대표번호 02-6711-8676 | 홈페이지 www.greatbooks.co.kr

ⓒ 강병철 최경식 2021
ISBN 978-89-271-9889-5 74400
　　　978-89-271-9888-8 (세트)

저작권법에 의하여 한국 내에서 보호를 받는 저작물이므로 무단전재 및 복제를 금합니다.

KC마크는 이 제품이 공통안전기준에 적합하였음을 의미합니다.
제조국: 한국 | 사용연령: 4세 이상
⚠ 책장에 손이 베이거나 책 모서리에 다치지 않게 주의하세요.

차례

눈에 보이지 않는 생명체

정말 정말 작은 바이러스 8
세포는 바이러스의 백만 배 10
1657년, 나는 빗물에서 매우 작은 생물을 발견했다 12
질병의 원인을 찾다 14
담뱃잎에 무언가가 16

바이러스가 나타났다

바이러스가 일으키는 질병 22
아즈텍을 멸망시킨 무시무시한 천연두 26
아메리카 대륙의 역사를 바꾼 황열 30
바이러스, 너의 정체를 밝혀라! 33
바이러스는 생명일까 아닐까? 34
살아 있는 것도 아니고 죽은 것도 아닌 36
바이러스에 감염되면 38

인류를 위협하는 신종 바이러스

우리 몸을 지키는 면역계 44
면역계의 특수 무기, 항체 48
꼭꼭 기억해 B세포 52

바이러스를 이기는 가장 좋은 방법, 예방 접종 ················· 54
예방 접종이 소용없는 바이러스가 있다고? ···················· 58
피부와 점막을 보호하라! ·· 60
사회 전체의 면역을 키워요 ·· 64

바이러스의 두 얼굴

바이러스는 정말 나쁘기만 할까? ···································· 70
세균을 감염시키는 바이러스, 박테리오파지 ···················· 74
산소를 만드는 청록색 세균 ·· 78
지구의 주인공은 인간이 아니야 ······································ 80
우리 유전자 속에 남아 있는 바이러스의 흔적 ·················· 82
바이러스는 너와 함께 살아 ·· 84

모든 생물은 생태계다

전 세계를 공포에 빠트린 전염병 ···································· 90
인간에게는 위험한 동물 미생물 ······································ 92
문제는 인간이야 ··· 96
생태계를 파괴하는 인간의 활동 ······································ 100
평범한 일상으로 돌아가서는 안 돼요! ····························· 104

작가의 말 ·· 108

01

눈에 보이지 않는 생명체

정말 정말 작은 바이러스

주변을 둘러보세요. 뭐가 보이나요? 책상, 컴퓨터, 음악이 흘러나오는 작은 스피커, 주스가 담긴 컵, 창밖의 나무 몇 그루…. 이게 전부입니다. 정말? 정말 그게 전부일까요?

아니에요. 책상 위에, 컴퓨터 위에, 그리고 우리와 책상과 컴퓨터 사이에 있는 공기에 헤아릴 수 없이 많은 미생물이 살아요.

미생물이 뭐냐고요? 미생물은 한자 말인데요, 微生物이라고 써요. 미(微)는 '아주 작다'라는 뜻이에요. 한자로 작은 걸 '소(小)'라고 합니다. 어린이를 '소아'라고 부르고, 작은 차를 '소형차'라고 하잖아요.

작을 '소(小)'보다 더 작은 것을 가리킬 때는 아주 작을 '미(微)'를 써요. 그러니 미생물이란 눈에 보이지 않을 정도로 아주 작은 생물이라는 뜻입니다.

친구가 '생물에는 동물과 식물이 있다.'라고 하면 이제 점잖게 이렇게 말해 주세요.

"아니야, 생물에는 동물과 식물과 미생물이 있다고. 에헴!"

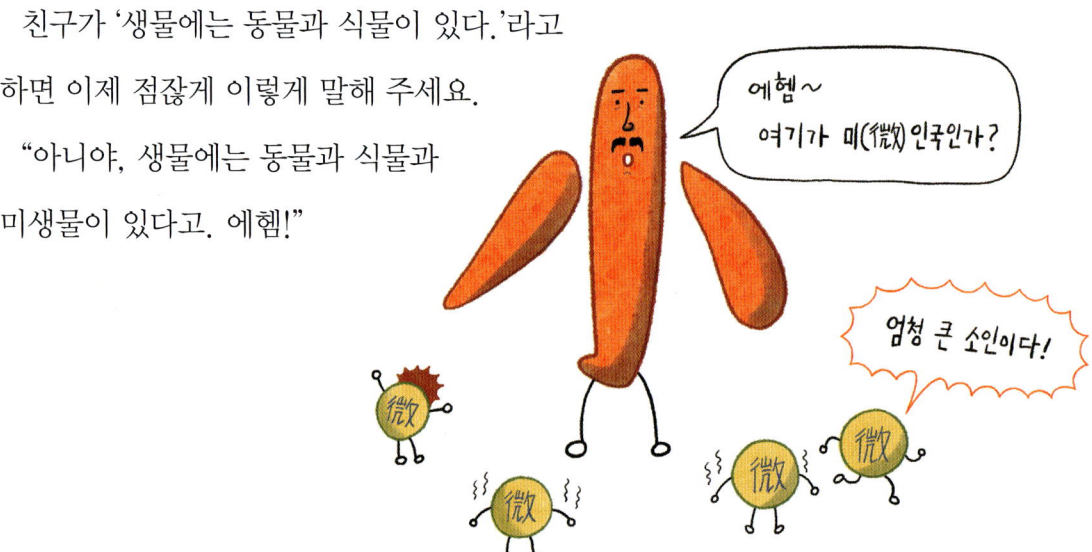

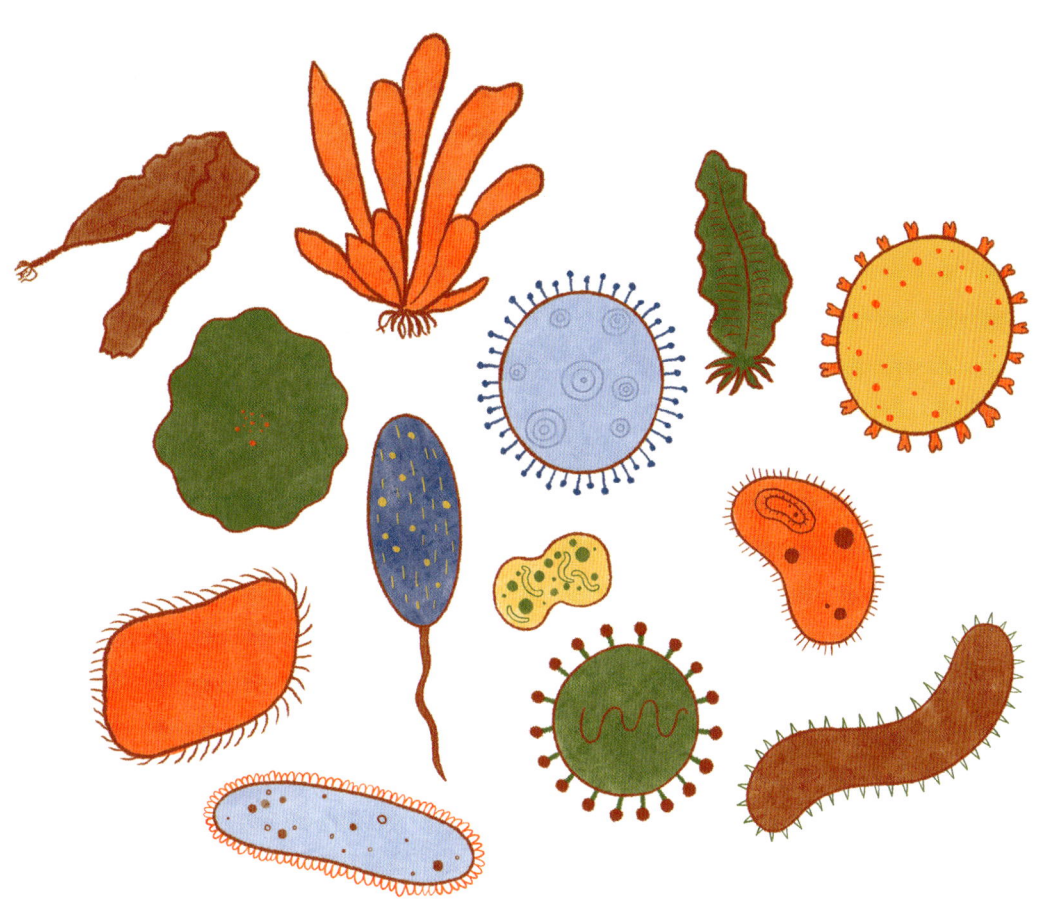

자랑스러운 표정을 짓고 있는데 친구가 이렇게 묻습니다.

"미생물이란 말은 처음 듣는데? 미생물에는 어떤 게 있는데?"

코끼리, 풍뎅이, 고래, 까마귀, 지렁이, 딱따구리… 이런 것들은 동물이고요. 떡갈나무, 고사리, 장미, 도라지, 쑥, 미나리… 이런 것들은 식물이죠. 그러면 어떤 게 미생물일까요?

조류, 원생동물, 곰팡이, 세균, 바이러스 같은 생물을 미생물이라고 해요. 좀 어렵죠? 하지만 세균과 바이러스는 들어 봤을 거예요. 그러니 우선 세균과 바이러스에 대해서만 생각해 보기로 해요.

세포는 바이러스의 백만 배

혹시 '세포'라는 말을 들어 본 적 있나요? 우리 몸은 세포로 되어 있어요. 세포는 아주 작아요. 우리 몸속에는 세포가 몇 개나 있을까요? 과학자들도 아직 정확히 모르지만 대략 40조 개의 세포가 있다고 해요.

조그마한 우리 몸속에 세포가 40,000,000,000,000개나 들어 있다니 놀랍지 않나요? 작은 몸속에 세포 40조 개가 있다니 세포 한 개는 얼마나 작겠어요?

우리 몸의 세포 중에 가장 큰 것은 난자 세포예요. 난자는 눈으로 볼 수 있어요. 그래 봤자 그 크기는 이 문장 끝에 찍힌 마침표 정도예요.

우리 몸의 세포 중에 가장 작은 것은 정자 세포예요. 부피로 따지면 난자의 10만분의 1밖에 안 돼요. 크기로 난자와 정자 사이에 있는 대부분의 세포는 눈으로 볼 수 없을 정도로 작죠.

세균의 크기는 길이로 따져서 세포의 1/10에 불과해요. 바이러스는 더 작아요. 세균의 1/10밖에 안 됩니다. 그럼 바이러스는 세포의 1/100인가요? 아니죠. 길이가 그렇다는 말이니까 부피로는 100만 배 차이가 납니다. 눈에 보이지도 않을 정도로 작은 세포 한 개에 바이러스가 100만 개 들어간다는 뜻이에요.

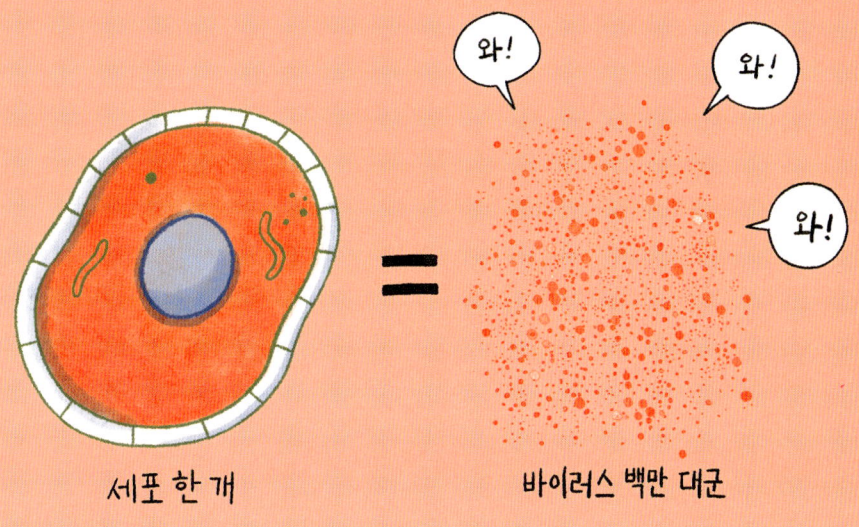

세포 한 개 = 바이러스 백만 대군

　바이러스가 얼마나 작은지 조금 느낌이 오나요? 부피로 따지면 세균은 세포의 1/1000, 바이러스는 다시 세균의 1/1000입니다. 그런데 이렇게 작은 걸 도대체 어떻게 찾았을까요?

1657년, 나는 빗물에서 매우 작은 생물을 발견했다

약 400년 전, 네덜란드에 안토니 판 레이우엔훅이란 사람이 살았어요. 레이우엔훅은 옷감을 사고파는 상인이었습니다. 그는 확대경을 쓰면 옷감이 훨씬 크게 보인다는 사실을 알게 되었어요. 좋은 천을 쉽게 알아볼 수 있다는 거죠.

그런데 레이우엔훅은 옷감 장사로 돈 벌 생각은 하지 않고, 사물을 크게 보이게 하는 렌즈에 푹 빠지고 말았어요. 현미경을 직접 만들어 온갖 사물에 갖다 대기 시작했죠.

그러던 어느 날 빗방울 속에서 헤엄치는 수많은 생명체를 발견했어요. 인간의 눈에 보이지 않는 미생물의 세상을 엿보기 시작한 순간이죠.

레이우엔훅은 꼬물거리는 작은 생명체에 '극미동물(animalcule)' 이라는 이름을 붙였어요. 사실 그것은 동물이 아니라 세균이었어요. 그때는 세균이 뭔지도 몰랐고, 움직이니까 식물이 아니라 동물이라고 생각한 거죠.

레이우엔훅은 존재하는 줄도 몰랐던 세계로 통하는 문을 열어 젖혔습니다. 그전까지는 빗물은 빗물, 공기는 공기일 뿐이었지만,

알고 보니 빗물에도, 공기에도, 책상 위에도, 우리 입속에도 극미동물, 그러니까 세균들이 엄청나게 많이 살고 있었습니다. 하지만 사람들은 신기하다고 생각할 뿐 정확한 의미를 잘 몰랐어요.

세균이 인간의 삶에 어떤 영향을 미치는지 조금이나마 알게 된 것은 다시 200년이 지나서입니다.

질병의 원인을 찾다

1800년대 중반부터 프랑스 과학자 루이 파스퇴르와 독일 과학자 로베르트 코흐는 세균이 동물과 식물은 물론 인간에게도 많은 질병을 일으킨다는 사실을 밝혀냈어요.

그전까지 사람의 병은 몸속에 있는 혈액이나 담즙 같은 여러 가지 체액의 균형이 깨져서 생긴다거나, 나쁜 공기를 들이마셔서 생긴다고 믿었죠.

이제 세균이 많은 질병의 원인이라는 사실이 밝혀진 거예요. 사람들은 희망에 부풀었어요. 세균을 죽이는 약을 만들 수 있다면 인류를 괴롭히는 병들을 이겨 낼 수 있을 테니까요.

100년쯤 지나서 영국 과학자 알렉산더 플레밍이 세균을 죽이는 항생제인 페니실린을 발견했어요. 마침내 세균을 이겨 낼 수 있게 된 겁니다.

그러자 인간의 평균 수명이 엄청나게 늘어나면서 세상이 완전히 달라졌어요. 하지만 이건 반쪽짜리 성공이었어요. 왜냐하면 아직 바이러스가 남아 있었으니까요.

 사람들이 세균을 발견하고, 세균이 병을 일으킨다는 사실을 알아낸 것은 현미경으로 세균을 관찰할 수 있었기 때문이에요. 하지만 바이러스는 크기가 세균의 1/1000밖에 안 되잖아요. 그때까지 개발된 현미경으로는 볼 수가 없었어요. 도대체 바이러스는 어떻게 찾아냈을까요?

담뱃잎에 무언가가

담배가 뭔지 알죠? 입에 물고 뻐끔뻐끔 연기를 피워 올리는 거 말이에요. 바이러스는 바로 이 담배 덕분에 찾아냈답니다.

지금은 담배 피우는 사람이 점점 줄고 있지만, 한때 담배는 어린이들도 즐겨 피우는 기호품이었어요. 당연히 담배 농사를 지으면 돈을 많이 벌었죠.

담배는 잎이 커다란 식물이에요. 다 자란 잎을 잘라 말린 후에 잘게 썰어서 종이로 말면 어른들이 피우는 담배가 되죠.

19세기 말 유럽에서 담뱃잎이 군데군데 허옇게 썩어 들어가는 병이 돌았어요. 그 모습이 모자이크 같다고 해서 담배 모자이크병이라고 했어요.

큰돈이 되던 담배 농사를 망치게 된 농부들은 과학자를 찾아가 이게 무슨 병인지, 어떻게 해야 하는지 연구해 달라고 부탁했어요. 이 연구를 맡은 사람이 러시아의 드미트리 이바노프스키였어요. 그는 세균이 담배 모자이크병을 일으킨다고 생각했어요. 이 생각을 증명하려고 무균 필터로 실험을 했죠.

무균 필터란 세균도 통과할 수 없을 정도로 아주 작은 구멍이 뚫려 있어 액체를 통과시키면 세균을 완전히 제거해 주는 필터예요. 이바노프스키는 담배 모자이크병에 걸린 담뱃잎을 갈아 필터에 통과시켰어요. 그렇게 얻은 액체 속에는 세균이 없을 테니 담배에 주사해도 병이 생기지 않으리라고 생각한 거죠.

그런데 어찌된 일일까요? 이 액체를 주사해도 여전히 담배 모자이크병이 생겼어요! 세균은 무균 필터를 통과하면서 완전히 걸러졌을 텐데 말이에요.

현미경으로 들여다봐도 세균은 없었어요. 결국 세균보다 작은 무언가가 병을 일으킨다는 뜻이었지요. 이바노프스키는 세균이 분비한 독소가 병을 일으킨다고 추정했어요.

6년 뒤, 네덜란드 과학자 마르티뉴스 베이에링크는 무균 필터를 통과한 액체 속에 세균이 분비한 독소가 아니라 세균보다 훨씬 작은 미생물이 존재한다는 것을 밝혀내요.

베이에링크는 액체를 배양해 보았어요. 배양이란 실험실에서 먹이와 좋은 환경을 마련해 주어 미생물을 키운다는 뜻이에요. 이상하게도 액체를 배양할수록 독성이 강해졌어요. 말하자면 무균 필터를 통과한 액체는 10방울 주사하면 담배 모자이크병이 생겼는데, 배양한 액체는 5방울만 주사해도 병이 생기고, 한 번 더 배양했더니 1방울만 주사해도 병이 생겼어요.

독소가 저절로 더 강해질 리는 없으니, 뭔가 아주 작은 미생물이 있다가 숫자가 점점 늘어난다고 생각했지요.

베이에링크는 이 미생물에게 바이러스라는 이름을 붙였어요. 고대 로마에서 사용하던 라틴어로 독을 뜻하는 '비루스(virus)'라는 말에서 따온 이름이에요.

02
바이러스가 나타났다!

바이러스가 일으키는 질병

바이러스가 발견된 뒤로 50년쯤 지나자 전자 현미경이 발명되었습니다. 전자 현미경은 성능이 워낙 뛰어나서 이전에는 볼 수 없었던 바이러스 모습까지 관찰할 수 있었어요.

이 때문에 똑똑한 학자들이 너도나도 바이러스 연구에 뛰어들었어요. 많은 사람이 함께 찾으니 다양한 바이러스가 속속 발견되었죠.

바이러스는 여러 종류가 있어요. 저마다 모양도 다르고, 크기도 다르고, 특징도 달라요. 가장 중요한 것은 바이러스마다 일으키는 병이 다르다는 점이에요. 알고 보니 감기나 설사처럼 우리 주변에서 가장 흔한 병들이 거의 모두 바이러스 때문에 생기는 거였어요. 하지만 바이러스는 훨씬 무서운 병도 일으켜요.

여러 바이러스의 모양과 이 녀석들이 일으키는 병을 정리해 보았어요.

천연두 Smallpox
온몸이 물집으로 덮이는 무서운 전염병이에요. 까마득한 옛날부터 인류를 괴롭혀 왔지만 백신이 개발된 덕에 40여 년 전 지구에서 완전히 자취를 감추었어요.

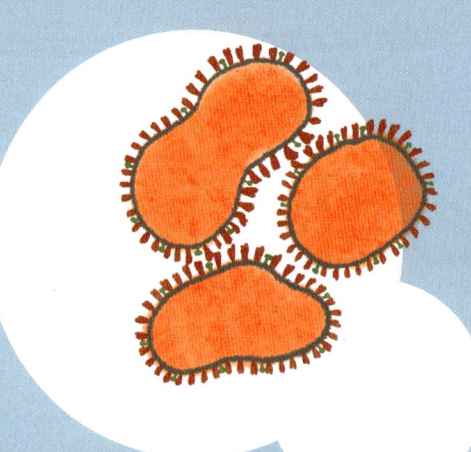

독감 Influenza
매년 겨울이 되면 찾아오는 반갑지 않은 손님이에요. 끊임없이 모습을 바꾸기 때문에 매년 백신을 맞아야 해요. 하지만 귀찮아해서는 안 돼요! 전 세계적으로 큰 유행을 몇 번이고 일으켜서 수많은 사람의 목숨을 앗아 갔으니까요. 독감 백신이 없었던 약 100년 전 스페인 독감 유행 때는 5천만여 명이 사망하기도 했어요.

홍역 Measles
온몸에 붉은 반점이 생기고 심하게 앓으며, 폐렴 같은 합병증으로 사망할 수 있는 병이에요. 놀랄 정도로 전염성이 강해서 전 세계적으로 여러 차례 유행했어요. 1960년대에 백신이 개발되어 잘사는 나라에서는 거의 사라졌지만, 가난한 나라에서는 아직도 1년에 10만 명이 넘는 어린이가 홍역으로 목숨을 잃어요.

에이즈 HIV
현재 최악의 전염병으로 1983년 발견된 이래 전 세계적으로 7천 800만여 명이 감염되었고 3천 500만여 명이 사망했어요. 성적으로 전염되는 병으로 보통 동성애자들을 비난하지만 그건 잘못된 생각이에요. 좀 어려운 얘기지만 전 세계적으로 보면 여성의 권리와 경제적 불평등을 해소하는 것이 가장 중요해요.

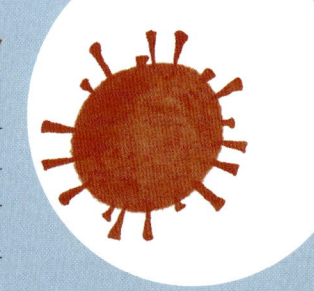

에볼라 Ebola

발견된 지 50년도 안 되는 바이러스예요. 주로 아프리카를 중심으로 몇 년에 한 번씩 유행하는데 끔찍한 출혈을 일으켜 수많은 사람을 죽음으로 몰아넣었어요. 일단 감염되면 사망률이 40~60%에 달할 정도로 무서운 병원체이지만, 아직 치료약이나 백신이 개발되지 않았어요.

소아마비 Polio

'소아마비'라고 하지만, 어린이만 걸리는 병은 아니에요. 보통 아무 증상이 없거나 가볍게 앓고 지나가지만 심하면 팔다리와 호흡근이 마비되어 사망할 수도 있어요. 근육 마비를 겪은 어린이는 다리를 절거나 휠체어를 이용해야 할 수도 있지요. 지금은 백신 덕분에 거의 없어졌어요.

코로나바이러스 SARS

코로나바이러스에도 여러 종류가 있어요. 대부분 가벼운 감기를 일으키지만 일부 코로나바이러스는 세 차례나 전 세계에 끔찍한 전염병을 유행시켰어요. 첫째는 2003년 사스(SARS)로 32개국에서 8천 명이 넘는 환자가 발생하여 800여 명이 사망했지요. 두 번째는 2015년 메르스(MERS)로 27개국에서 2천 482명의 환자가 발생하여 854명이 사망했어요. 세 번째는 코로나19(COVID-19)로 2019년 12월에 시작되어 2021년 5월 중순까지 전 세계에서 약 1억 6천 500만 명이 감염되어 340만여 명이 사망했어요.

황열 Yellow fever

모기가 옮기는 질병이에요. 원래 아프리카 토착병이었지만 노예 무역으로 신대륙에 들어와 많은 희생자를 낳았어요. 프랑스가 광대한 땅을 미국에 팔아 버린 것이나 파나마 운하를 건설하다가 실패한 것도 모두 황열 때문이었지요.

아즈텍을 멸망시킨 무시무시한 천연두

두렵기 짝이 없는 질병, 심지어 인류 역사를 크게 바꾼 질병의 원인이 바이러스였다는 사실을 알고 사람들은 깜짝 놀랐어요. 아니, 병을 일으키는 건 알겠는데 무슨 조그만 바이러스가 역사까지 바꿨냐고요? 그걸 설명하려면 천연두 얘기를 해야 해요.

천연두는 무시무시한 질병이었어요. 천연두에 걸리면 열이 나고, 머리가 아프고, 팔다리가 쑤셔요. 감기하고 비슷하죠? 하지만 낫지 않고 시간을 끌다가 2주 정도 지나면 열이 떨어지면서 입과 목 안, 피부에 반점이 생기기 시작하죠.

처음에는 붉은 반점이었다가 점점 부풀어 오르고, 나중에는 고름이 차요. 그런 고름집이 정상적인 피부가 남지 않을 정도로 온몸을 뒤덮는 거예요. 천연두에 걸리면 어른은 열 명 중 세 명, 어린이는 많으면 열 명 중 여덟 명이 사망해요. 살아남아도 눈이 멀거나 흉측한 흉터가 남고요.

천연두는 아주 오래 전부터 인간과 함께해 왔어요. 3천 년 전에 피라미드에 묻힌 이집트 미라에도 천연두 자국이 있으니까요.

이 무시무시한 전염병이 유럽을 휩쓸기 시작한 것은 약 1천 년 전부터예요. 그 뒤로 유럽에서만 해마다 40만여 명이 천연두로 목숨을 잃었죠. 왕들 중에도 천연두로 죽은 사람이 꽤 많아요. 하지만 천연두가 역사에 가장 큰 영향을 미친 사건은 유럽이 남아메리카를 정복한 일일 거예요.

　지금의 멕시코 땅에는 아즈텍 제국이라는 강대한 나라가 있었어요. 1519년 스페인의 코르테스라는 사람이 불과 500명의 군사를 이끌고 아즈텍 제국의 수도를 정복했어요. 이 사건을 계기로 유럽은 남아메리카 대륙 전체를 손에 넣게 되죠.

　역사가들은 이 사건을 이상하게 생각했어요. 유럽이 뛰어난 기술과 우수한 무기를 지닌 것은 사실이지만, 남아메리카의 아즈텍 제국이나 잉카 제국 같은 나라들은 나름대로 강력한 군사력을 지니고, 경제적으로도 풍족하게 살았거든요. 얼마 안 되는 유럽인에게 그토록 무력하게 무릎을 꿇은 건 의아한 일이었죠.

나중에 그 원인이 밝혀졌어요. 유럽은 수백 년간 천연두에 시달려 면역을 지닌 사람들이 많았어요. 하지만 그때까지 남아메리카 대륙에는 천연두라는 병이 아예 없었습니다. 병이 없으니 면역도 전혀 없었죠.

유럽인이 가지고 들어온 천연두에 감염된 남아메리카 사람들은 속수무책으로 쓰러지고 말았어요. 당시 인구의 약 1/3이 천연두로 사망했다고 해요. 병을 앓은 사람은 훨씬 많았을 거예요. 그러니 남아메리카 사람들은 도저히 싸울 수가 없었어요. 그때 천연두가 없었다면 인류 역사는 크게 달라졌겠죠?

아메리카 대륙의 역사를 바꾼 황열

황열이라는 병도 있어요. 피부가 노랗게 되고 열이 난다고 해서 황열이에요. 역시 바이러스가 일으키는 병인데, 모기가 옮겨요. 황열에 걸리면 갑자기 열이 나고 간이 나빠져서 피부가 노랗게 되죠. 이걸 황달이라고 해요. 그밖에도 코나 입에서 피가 나고, 콩팥이 망가져서 죽음에 이를 수도 있어요.

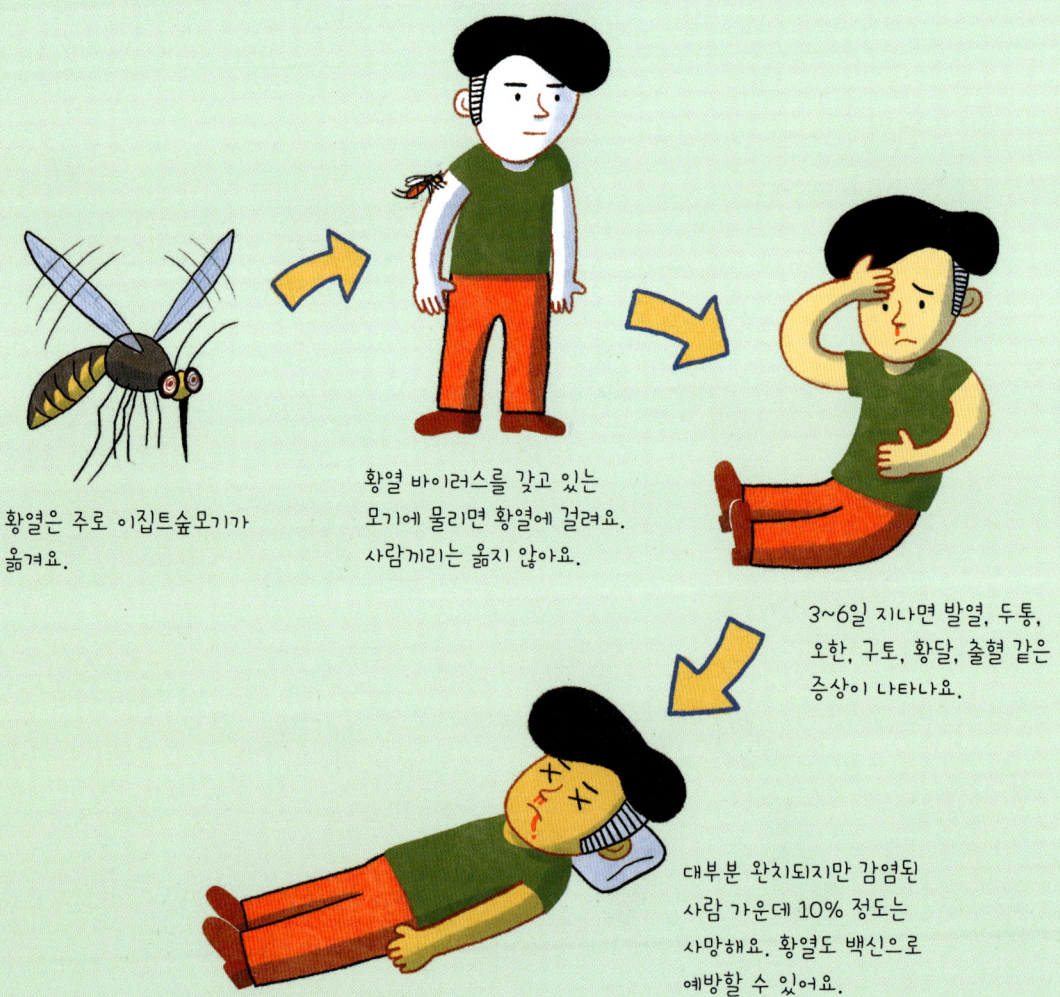

황열은 주로 이집트숲모기가 옮겨요.

황열 바이러스를 갖고 있는 모기에 물리면 황열에 걸려요. 사람끼리는 옮지 않아요.

3~6일 지나면 발열, 두통, 오한, 구토, 황달, 출혈 같은 증상이 나타나요.

대부분 완치되지만 감염된 사람 가운데 10% 정도는 사망해요. 황열도 백신으로 예방할 수 있어요.

지금 세계에서 가장 힘센 나라가 어디인가요? 맞아요, 미국이죠. 미국은 영국 사람들이 새로 발견한 대륙으로 건너가 세운 나라예요. 초기에 영국 사람들은 미국 동부 지역만 차지했을 뿐이죠.

미국 중부 지역은 프랑스 땅이었습니다. 프랑스는 아프리카 사람들을 잡아다 노예로 부리면서 그 넓은 땅을 경작하도록 했어요.

그러던 어느 날, 비인간적인 대우에 화가 난 노예들이 반란을 일으켰어요. 당시 프랑스는 그 유명한 나폴레옹이 다스렸어요. 나폴레옹은 반란을 진압하기 위해 군대를 보내요. 자기 처남을 사령관으로 삼아 무려 2만 7천여 명의 군인을 보냅니다.

하지만 남아메리카 사람들이 천연두에 약했던 것처럼 유럽인은 황열에 약했어요. 황열은 아프리카의 병이었거든요.

프랑스군은 싸워 보지도 못하고 대부분 황열에 걸려 죽고 말아요. 나폴레옹의 처남까지도요.

당시 나폴레옹은 유럽을 정복하는 데 온 관심을 쏟았어요. 이런 일이 생기고 보니 멀리 떨어진 식민지를 챙기기가 만만치 않다는 걸 깨달았죠. 결국 프랑스는 엄청나게 넓은 땅을 싼값에 미국에 팔아 버렸어요.

그때 프랑스 군대가 황열에 걸리지 않아 노예들의 반란을 진압했다면 어떻게 되었을까요? 미국 중부는 여전히 프랑스 땅이고, 미국은 지금처럼 크고 강대한 국가가 아닐지도 몰라요. 어때요? 작은 바이러스가 의외로 역사에 큰 영향을 미쳤다는 걸 알겠죠?

바이러스, 너의 정체를 밝혀라!

대체 바이러스가 무엇이기에 세계 역사에까지 큰 영향을 미쳤을까요? 지금부터 바이러스의 정체를 낱낱이 파헤쳐 보아요.

앞서 바이러스는 미생물의 한 종류이고, 미생물은 아주 작은 생물이라고 했어요. 그렇다면 바이러스는 생물, 그러니까 살아 있는 생명일까요?

여기서 한 가지 생각해 봅시다. 생명이 뭘까요? 생명은 죽은 것이 아니라 살아 있는 것을 뜻하죠.

그럼 뭘 보고 살아 있다고 할까요? 움직이는 걸까요? 그렇다면 항상 움직이는 바람이나 파도도 생명일까요?

생명은 자라나는 것일까요? 그렇다면 동굴 천장과 바닥에서 자라나는 종유석 같은 것도 생명이라고 할 수 있을까요?

바이러스는 생명일까 아닐까?

생명을 여러 가지로 정의하지만 우리는 세 가지 특징을 생각해 보면 좋겠어요. 우선 생명체는 외부에서 물질을 받아들여서 필요에 맞게 변형시킨 다음, 필요한 물질을 남기고 필요 없는 물질은 내놓아요. 그 과정에서 에너지를 생산해서 생명을 이어 갑니다. 이걸 **물질대사**라고 해요.

또 자신과 똑같이 생긴 자손들을 만들어 내는데, 이걸 **생식**이라고 합니다. 자신과 똑같은 자손을 만들려면 설계도가 필요해요. 그 설계도는 DNA나 RNA라는 물질로 되어 있고요.

마지막으로 생명체는 자손을 이어 가면서 오랜 세월에 걸쳐 주위 환경에 맞게 적응해 나가요. 그걸 **진화**라고 하죠.

　그럼 바이러스는 세 가지 특징을 모두 갖고 있을까요? 그렇지 않아요. 바이러스는 생명체 같기도 하고 아닌 것 같기도 하거든요. 대체 무엇이 생명체 같고, 또 무엇이 생명체가 아닌 것 같을까요?

　일단 바이러스는 생명체의 특징 중 하나인 DNA나 RNA를 갖고 있어요. 그 말은 자기와 똑같은 바이러스를 만들기 위한 설계도가 있다는 뜻이에요. 그런데 자손을 만들기에는 바이러스 구조가 너무나 단순해요.

　바이러스는 단백질로 된 껍질 속에 DNA나 RNA가 들어 있어요. 그게 전부예요. 그 외에는 아무 것도 없어요! 자신과 똑같이 생긴 자손을 만들려면 DNA나 RNA, 그리고 단백질로 된 껍질을 만들어야 할 것 아닌가요? 그런데 뭘로 그것들을 만드는지 알 수 없었어요.

살아 있는 것도 아니고 죽은 것도 아닌

알고 보니 바이러스는 아주 얄밉고도 치사한 전략을 썼어요. 일단 동물이나 식물의 세포 속으로 들어가요. 그 세포는 자기와 똑같은 세포를 만들기 위한 여러 가지 장치를 갖고 있겠죠? 바이러스는 그 장치들을 이용해서 자기의 DNA나 RNA, 단백질 껍질을 만들어 내요.

바이러스가 다른 세포 속으로 들어가는 것을 감염이라고 하고, 감염된 동물이나 식물을 숙주라고 해요. 바이러스에 감염된 숙주 세포는 멋도 모르고 계속 바이러스에게 필요한 물질을 열심히 만들어 내요.

그렇게 만들어진 DNA 또는 RNA와 단백질 껍질이 합쳐지면 세포 속에서 새로운 바이러스가 만들어지죠. 이렇게 바이러스 숫자가 늘어나는 것을 증식이라고 해요.

여기서 바이러스의 가장 중요한 특징이 나옵니다. 바이러스는 살아 있는 세포 속에서만 증식한다는 거예요. 혼자 힘으로는 증식하지 못합니다. 혼자서는 살지 못하는 바이러스를 과연 생명체로 볼 수 있을까요?

이 문제를 두고 과학자들은 오랫동안 논쟁을 벌이고 있어요. 하지만 바이러스가 생명체든 아니든 중요한 건 우리 몸의 세포에 침입하여 그 속에서 증식하고, 결국 세포를 죽인다는 거예요. 세포가 죽으니까 우리는 병에 걸리게 되죠.

바이러스에 감염되면

1장에서 사람 세포는 바이러스보다 100만 배 더 크다고 했죠? 단순하게 생각하면 세포 하나가 감염되면 그 속에서 100만 개의 바이러스가 만들어질 수 있어요. 하지만 대개 그 전에 세포가 견디지 못해요.

바이러스 숫자가 어느 정도 늘어나면 불쌍한 세포는 한껏 부푼 풍선처럼 빵! 터져 버려요.

바이러스 수천 마리가 세포막을 찢고 밖으로 쏟아져 나오죠. 세포 밖으로 나온 바이러스는 새로운 세포를 찾아서 또 감염시켜요.

바이러스가 세포를 감염시킨 후 수천 마리의 바이러스가 쏟아져 나올 때까지는 얼마나 걸릴까요? 바이러스마다 달라요. 빠르면 8시간 만에 그런 일이 벌어지기도 하고, 천천히 진행되면 3일 정도 걸리기도 해요.

8시간 경과

딱 하나의 바이러스가 세포를 감염시켜 24시간 후에 1천 마리의 바이러스가 생긴다고 가정해 봅시다. 그러면 3일 뒤에는 1,000 × 1,000 × 1,000 = 10억 마리의 바이러스가 생겨납니다. 5일 뒤에는 1,000조 마리가 되고요.

우리 몸에는 약 40조 개의 세포가 있으리라 추측해요. 그러니까 딱 한 마리의 바이러스가 몸속에 들어오면, 5일 뒤에는 우리 몸의 모든 세포를 합친 것보다 훨씬 더 많은 숫자로 불어난다는 뜻이에요. 저런! 그럼 우린 어떻게 되는 걸까요?

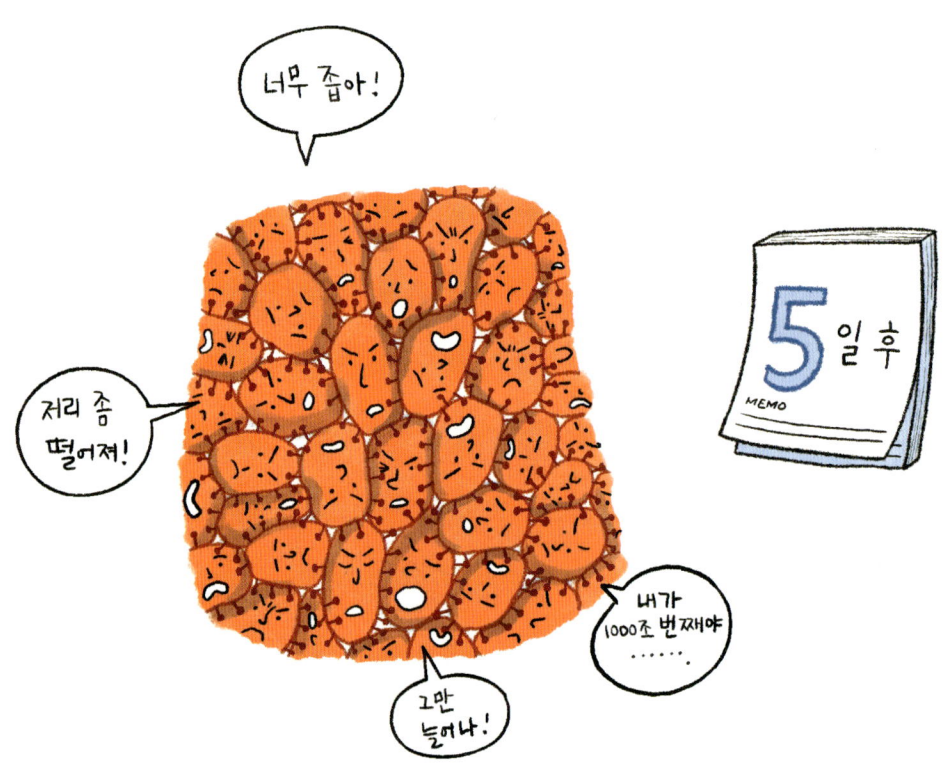

안심하세요. 다행히 이런 일은 그리 자주 생기지 않아요. 우리 몸도 가만히 앉아 당하지는 않으니까요. 무엇보다 우리 몸에는 면역계라는 것이 있어서 바이러스가 몸에 들어오면 맞서 싸웁니다.

바이러스를 이기는 길, 면역계에 대해 좀 더 알아볼까요?

인류를 위협하는 신종 바이러스

03

우리 몸을 지키는 면역계

　맨 처음에 얘기했듯이 바이러스는 어디에나 있어요. 숨을 쉴 때마다, 뭔가를 먹을 때마다, 상처 난 피부로 어딘가를 만질 때마다 우리 몸에 들어옵니다. 바이러스가 마음대로 하도록 내버려 둔다면 우리는 미생물과의 싸움에서 금방 지고 말 거예요.

　하지만 우리도 그리 만만하지는 않아요. 우리 몸속에는 경찰도 있고, 군대도 있어요. 바로 면역계입니다.

　군대와 경찰 역할을 하는 건 백혈구예요. 백혈구는 평소에도 혈관을 타고 온몸을 돌아다녀요. 24시간 쉬지 않고 적이 침입하지 않는지 감시하죠. 그러다가 적을 발견하면 먼저 얼마나 강한 녀석인지 살핍니다. 비실비실한 놈 한두 마리 정도는 그 자리에서 꿀꺽 삼킨 다음 녹여 버리죠.

적이 너무 힘이 세거나 숫자가 많다면 호루라기를 불어 가까운 곳에 있는 동료들을 불러 모읍니다. 바이러스를 둘러싸고 싸움을 벌이는 동안, 발 빠른 백혈구 몇몇은 온몸을 돌아다니며 적의 침입을 알리고 군대를 보내 달라고 요청해요. 이때 무작정 달려가는 게 아니라, 스마트폰으로 적의 모습을 찍어서 갖고 갑니다.

이제 온몸에서 연락을 받은 경찰과 군대가 우르르 몰려와 적을 에워싸고 큰 싸움을 벌입니다. 수많은 바이러스와 백혈구들이 한곳에 몰려 총을 쏘고, 수류탄을 던지고, 대포를 발사하기 때문에, 우리는 열이 나고, 힘이 없고, 어질어질하고, 입맛도 떨어져요. 대개 싸움은 이쯤에서 우리의 승리로 막을 내립니다. 하지만 이 싸움에서 지면 어떡하죠?

면역계의 특수 무기, 항체

아까 스마트폰으로 적의 모습을 찍어서 가져간다고 했죠? 한쪽에서 바이러스와 큰 싸움을 벌이는 동안, 다른 한쪽에서는 이 사진을 보고 특수 무기를 개발합니다. 원더우먼이 쓰는 진실의 줄처럼 바이러스의 손발을 꽁꽁 묶어 버리는 특수 무기의 이름은 바로 **항체**입니다.

항체는 Y자 모양의 끈적거리는 물질로 B세포라는 특수한 백혈구에서 만들어집니다. 바이러스를 정확히 찾아내고, 한번 결합하면 절대로 떨어지지 않아요.

일단 몸속에서 항체 개발이 끝나면 B세포는 바이러스를 찾아갑니다. 그 과정에서 손오공이 분신술을 쓰듯 숫자가 늘어나 12시간 만에 2만 개가 됩니다.

이제 공격 시간이 다가왔어요. B세포 2만 개가 바이러스들을 둘러싸고 항체를 퍼붓기 시작합니다. 공격은 맹렬해요. 초당 2천 개의 항체가 정확히 바이러스를 향해 날아가 바이러스와 철썩! 달라붙죠. 항체에 꽁꽁 묶인 바이러스는 결국 고슴도치 꼴이 되고 말아요.

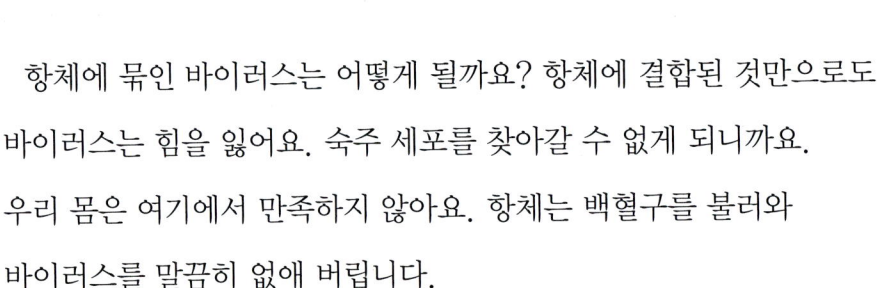

항체에 묶인 바이러스는 어떻게 될까요? 항체에 결합된 것만으로도 바이러스는 힘을 잃어요. 숙주 세포를 찾아갈 수 없게 되니까요. 우리 몸은 여기에서 만족하지 않아요. 항체는 백혈구를 불러와 바이러스를 말끔히 없애 버립니다.

이런 식으로 어지간히 강력한 바이러스가 침입한다고 해도 일단 항체만 만들어지면 우리가 이길 가능성이 높아요. 그런데 문제가 있습니다. 항체가 만들어질 때까지 일주일 정도 걸린다는 거예요.

바이러스와 큰 싸움이 벌어졌을 때 면역계는 항체가 만들어질 때까지 버티기 위해 사력을 다합니다. 만약 바이러스가 힘이 너무 세서 항체가 생기기도 전에 면역계가 무너지면 사람이 크게 앓거나 심지어 죽기도 해요. 앞서 예로 든 천연두나 황열 바이러스가 그렇게 힘이 센 놈들이죠.

다행히 우리 면역계는 항체를 만드는 것 말고 또 한 가지 기가 막힌 재주를 갖고 있어요. 기억을 한다는 겁니다.

꼭꼭 기억해 B세포

자, 이제 항체를 만들어서 전쟁이 끝났습니다. 우리가 이겼어요. 바이러스는 다 죽었습니다. 수만 개씩이나 되는 B세포가 계속 남아 있을 필요가 있을까요? 없죠. 그래서 대부분의 B세포는 없어지는데, 모두 없어지는 것이 아니라 몇 개는 남습니다.

남아 있는 B세포는 적의 모습과 항체 제조법을 기억하고 있어요. 이 세포를 기억 세포라고 해요.

몇 년, 아니 몇 십 년이 지나도 똑같은 바이러스가 침입하면 기억 세포는 금방 적의 모습을 기억합니다.

"어? 이거 옛날에 쳐들어왔던 놈들이네!"

그러면 이번에는 항체를 만들기까지 일주일씩이나 걸리지 않아요. 바이러스가 몸에 들어오자마자 기억 세포가 삽시간에 숫자가 불어나고 항체를 만들어 바로 죽여 버립니다. 병에 걸리지 않는 거죠. 천연두는 무서운 병이지만 한번 걸린 사람은 평생 다시는 걸리지 않아요. 홍역이나 소아마비도 마찬가지고요.

이렇게 병을 앓아 그 병에 걸리지 않게 된 상태를 면역이 생겼다고 해요. 이런 원리를 이용한 게 백신, 다른 말로 예방 접종입니다.

예방 접종은 바이러스나 세균이 병을 일으키지 못하도록 약하게 만들거나, 아예 죽여서 몸속에 넣어 주는 거예요. 미리 몸속에 기억 세포를 만들어 두는 거죠. 그러면 면역이 생겨 나중에 무서운 바이러스나 세균이 침입해도 병에 걸리지 않게 됩니다.

바이러스를 이기는 가장 좋은 방법, 예방 접종

예방 접종은 바이러스와 맞서 싸우는 가장 효과적인 방법입니다. 세균 감염은 항생제로 치료할 수 있어요. 물론 바이러스에도 바이러스를 약하게 만드는 항바이러스제라는 약을 씁니다. 하지만 항바이러스제는 항생제만큼 다양하지 않고, 효과가 썩 좋지도 않아요. 따라서 바이러스는 감염되기 전에 예방하는 것이 가장 좋은 방법입니다.

예방 접종의 효과를 가장 잘 보여 주는 것이 바로 천연두예요. 천연두는 60~70년 전까지도 해마다 약 5천만 명이 감염되어, 수백만 명씩 사망자를 냈던 무서운 질병입니다.

하지만 1967년부터 세계보건기구(WHO)를 중심으로 전 세계가 나서 천연두 박멸 운동을 시작했어요. 당연히 예방 접종을 했죠.

그 결과 불과 13년 만에 세계보건기구는 천연두라는 질병이 지구상에서 완전히 사라졌다고 선언합니다. 인류가 최초로 전염병과의 싸움에서 완전한 승리를 거둔 거예요!

그럼 백신만 발명한다면 모든 전염병을 물리칠 수 있을까요? 그렇지는 않아요. 사실 천연두 바이러스는 큰 특징이 하나 있어요. 인간의 몸속에서만 살 수 있다는 거예요. 우리가 천연두와의 싸움에서 이길 수 있었던 것도 그 덕분입니다. 그게 무슨 말일까요?

전 세계가 천연두를 물리치기로 굳게 결심하고 모든 사람이 백신을 맞기 시작했어요. 마침내 모든 사람에게 면역이 생기자 천연두 바이러스는 인간을 침입할 수 없게 되었어요. 그럼 어디 다른 곳에 가서 살아야겠죠? 기억하나요?

바이러스는 살아 있는 세포 속에서만 증식한다! 그러니 천연두 바이러스는 돼지나 닭의 몸에 들어간다든지, 원숭이나 하마 몸에 들어가 살아야겠죠. 그런데 불행하게도, 우리로서는 천만다행히도 천연두 바이러스는 인간의 몸속에서만 살 수 있어요. 더 이상 살 곳이 없어진 천연두 바이러스는 지구상에서 사라지고 말았죠.

예방 접종이 소용없는 바이러스가 있다고?

하지만 다른 바이러스는 그렇지 않아요. 독감을 예로 들어 볼게요. 독감 바이러스는 우리 몸을 침범하기도 하지만, 물새의 몸속에서도 살 수 있어요. 사람들이 독감에 걸린 다음, 또는 백신을 맞아 면역이 생기면 독감 바이러스는 사람 몸속에서는 살 수 없어요. 하지만 물새의 몸속에서 얼마든지 생명을 이어 갈 수 있습니다.

그러니 독감을 완전히 없애려면 모든 사람이 독감 백신을 맞고, 지구상 모든 물새에게도 백신을 접종하거나, 끔찍한 얘기지만 모든 물새를 없애야 해요. 불가능한 일이죠.

이렇게 사람과 동물을 모두 침범하는 바이러스나 세균이 일으키는 **병을 인수공통감염병**이라고 해요. 사람 인(人), 동물 수(獸), 즉 사람과 동물이 공통으로 감염되는 병이란 뜻이에요.

지금 코로나19 유행을 이해하려면 무엇보다 인수공통감염병이 뭔지 알아야 해요. 다음 장에서 더 자세히 이야기할게요.

어쨌든 백신이 모든 질병을 예방해 주지는 못한다는 뜻이에요. 그러면 우리는 어떻게 해야 할까요?

피부와 점막을 보호하라!

다시 면역계 얘기로 돌아가 봐요. 앞서 면역계를 설명할 때 우리 몸에 적이 침입한 부분부터 설명했어요. 그런데 적이 침입한 다음에 잘 싸우는 것도 중요하지만, 아예 적이 침입하지 않으면 더 좋겠죠?

가장 중요한 건 피부예요. 우리 피부는 상처가 나지만 않으면 어떤 세균이나 바이러스도 거의 완벽하게 막아 냅니다. 세균이나 바이러스도 피부로 침입하기가 어렵기 때문에 주로 점막을 통해서 침입하려고 하죠.

점막이 뭐냐고요? 점막은 끈끈한 액체를 분비하는 막이란 뜻입니다. 우리 몸의 표면은 대부분 피부로 되어 있지만 입속이나 콧속, 눈 같은 곳은 점막으로 되어 있어요.

코로 숨을 쉬어 보세요. 공기가 코로 들어와, 목을 거쳐, 가슴 깊숙이 들어가는 게 느껴지지요? 이렇게 공기가 드나드는 길을 공기 기, 길 도, 즉 기도(氣道)라고 해요.

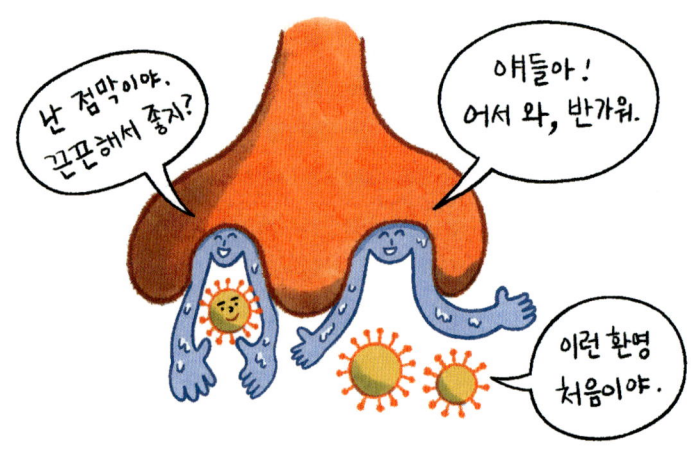

　우리는 하루에 약 2만 5천 번에서 3만 번 숨을 쉬어요. 숨을 쉴 때마다 공기 속에 섞여 있는 세균과 바이러스가 기도를 타고 들락날락하죠.

　기도는 점막으로 되어 있어요. 그런데 점막은 피부보다 약하다고 했죠? 요즘처럼 유행병이 돌 때는 아예 숨쉴 때 기도 점막으로 세균과 바이러스가 들어오지 못하게, 들어오더라도 조금만 들어오게 막으면 더욱 좋아요.

　어떻게 해야 할까요? 맞아요. 마스크를 쓰는 거예요. 그래서 조금 답답하더라도 마스크로 코와 입을 잘 가려야 해요.

　손을 잘 씻으라는 것도 같은 뜻이에요. 사람은 자기도 모르게 하루에도 수백 번씩 손으로 얼굴을 만집니다. 코도 파고, 눈도 비비지요. 손에 바이러스가 묻어 있으면 어떻게 될까요? 눈은 점막으로 되어 있으니 직접 바이러스가 침입할 수 있고요. 입이나 코 근처를 만지면 아무래도 입이나 코로 들어가기 쉽겠지요?

그러니 밖에 나갔다 들어오면 귀찮다고 생각하지 말고 꼭 비누로 손을 씻으세요. 비누는 바이러스와 세균을 깨뜨려 죽이는 효과가 있답니다.

우리 몸은 세균과 바이러스의 침입을 막기 위해 피부와 점막을 튼튼하게 하는 데 많은 노력을 기울입니다. 우선 피부와 점막은 쉴 새 없이 새로 만들어지면서 빠른 속도로 떨어져 나갑니다. 병원체를 몸에서 떨어트리는 거죠. 그리고 상처가 나도 금방 재생됩니다. 이뿐만 아니라 피부 표면, 점막 표면은 피지, 점액이나 효소가 항상 분비되어 세균과 바이러스가 살기 어려운 환경을 만들죠.

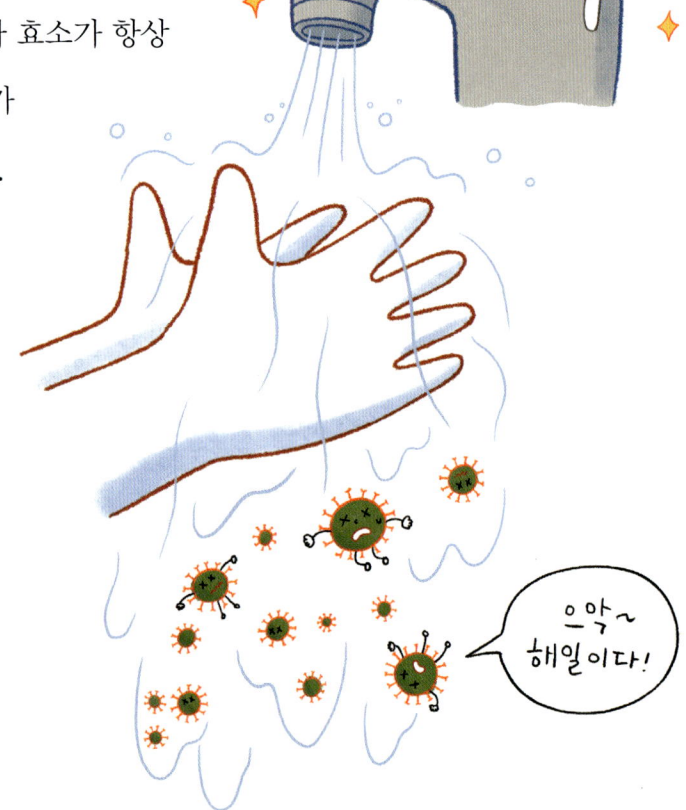

심지어 우리 몸은 일부 세균 및 바이러스와 동맹을 맺기도 해요. 이 녀석들은 우리 몸에서 사는 대신 낯선 미생물이 침입하지 못하도록 지켜 줍니다. 우리와 미생물이 서로 돕고 사는 거죠. 이런 관계를 '함께 산다'라는 뜻으로 공생(共生)이라고 합니다.

우리 피부와 점막을 튼튼하게 유지하고, 공생균들이 잘 살아가도록 하려면 어떻게 해야 할까요? 무슨 특별한 방법이 있는 게 아니라 전체적으로 건강해져야 해요. 방법은 아주 간단하죠. 골고루 먹고, 많이 뛰어 놀고, 푹 자면 건강해집니다.

사회 전체의 면역을 키워요

조금 더 시야를 넓혀 볼까요? 피부와 점막과 공생균이 우리를 지켜 주어도 애초에 세균이나 바이러스가 달라붙지 않으면 더 좋겠죠. 그러려면 환경을 깨끗하고 쾌적하게 유지해야 해요. 몸을 자주 씻고, 자기 방을 깨끗이 치우고, 집 안을 자주 청소하면 그만큼 병에 덜 걸립니다.

다시 조금 더 시야를 넓혀 보세요. 나 혼자 깨끗해도 다른 사람이나, 내가 사는 환경이 지저분하다면 곤란하겠죠. 그래서 우리 사회와 그 안에서 함께 사는 사람들이 모두 깨끗하고 건강해져야 하는 거예요.

우리 사회에는 더럽고 지저분한 곳에서 자기 몸조차 깨끗하게 돌보지 못하는 사람들이 아직도 많아요. 게으르거나, 깨끗한 것이 좋다는 사실을 몰라서 그렇게 사는 게 아니에요.

너무 가난해서 계속 일을 해야 하기 때문에 주변을 깨끗하게 할 여유가 없는 사람도 있고, 장애가 있어서 혼자 힘으로는 자기 몸조차 깨끗하게 하기 힘든 사람도 있어요. 이번 코로나19 유행 중에도 가난하거나 장애가 있는 사람들이 가장 큰 피해를 입었어요.

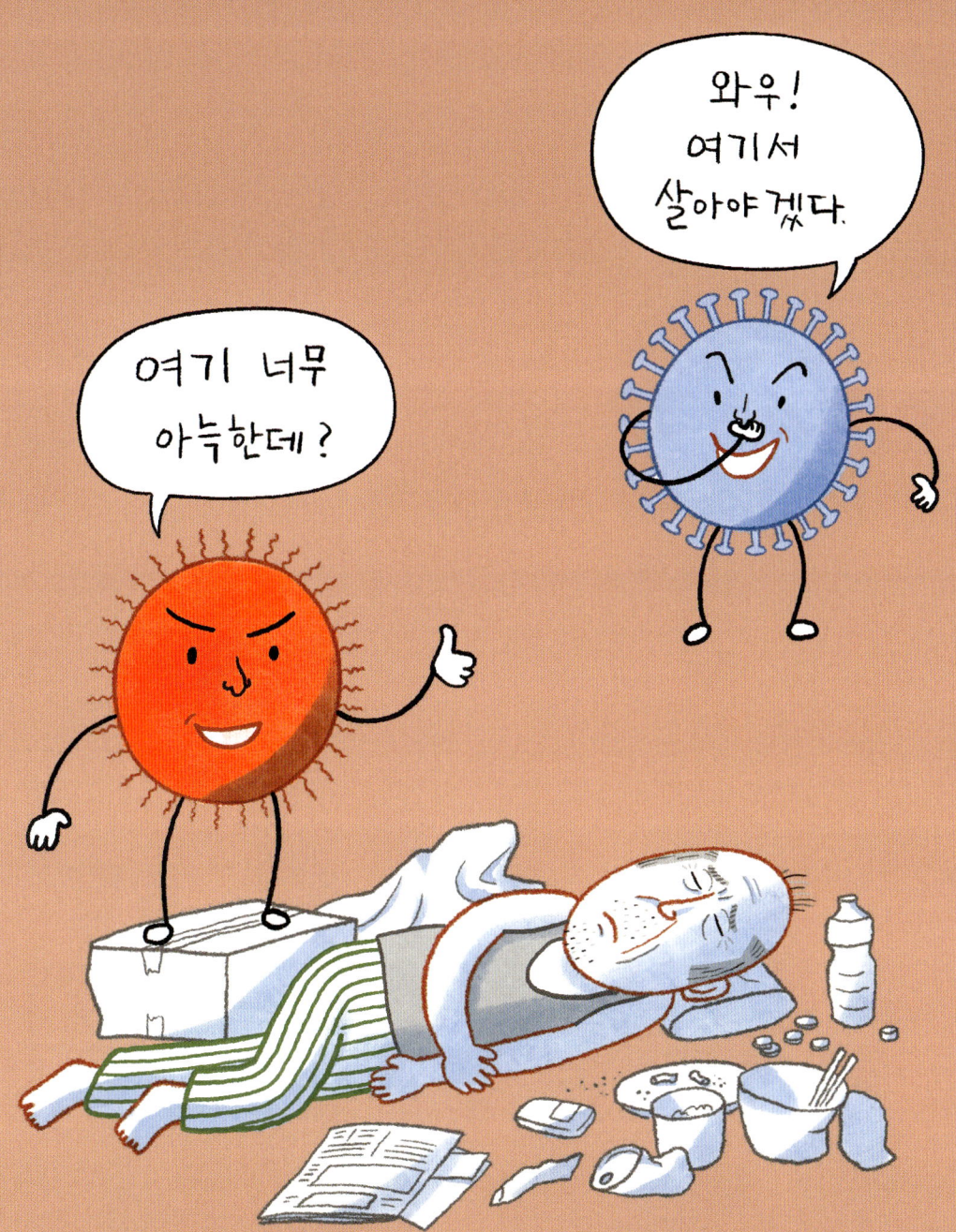

보통 면역이라고 하면 자기 몸만 떠올립니다. 하지만 면역이란 우리 사회 전체가 건강해지는 것이라고 생각해 볼 수도 있어요. 사회 전체가 건강해지면 나도 병에 걸리지 않을 테니까요.

　이렇게 사회적으로 어려운 처지에 있는 분들에게도 골고루 의료 혜택이 돌아가도록 하는 노력을 **공공 의료**라고 해요. 공공 의료는 결국 모든 사람에게 도움이 됩니다.

　정리하면 자기 몸을 건강하게 유지하는 것, 예방 접종을 열심히 받아 병에 걸리지 않도록 하는 것, 주변을 깨끗하게 하는 것뿐만 아니라 가난한 사람과 나이 많은 어르신과 장애가 있는 분들을 보살피는 것, 자기가 가진 것과 지식을 남과 나누는 것, 그리고

너무 가난한 사람이 없도록 국가에서 보살피고, 돈이 없어도 누구나 아프면 일을 쉬고 치료받을 수 있도록 하는 것. 정의로운 사회를 만드는 것이 모두 사회의 면역을 키우는 길입니다.

04

바이러스의 두 얼굴

바이러스는 정말 나쁘기만 할까?

바이러스라는 말을 들으면 어떤 생각이 떠오르나요? 수많은 사람들의 목숨을 앗아간 코로나19가 가장 먼저 생각날지도 모르겠네요.

바이러스를 발견하고, 바이러스가 수천 년간 우리를 괴롭혔던 병들을 일으켰다는 사실을 알아내고, 그런 병을 극복하기 위해 백신을 개발하고, 위생이 중요하다는 사실을 발견하고, 사람들 각자의 면역과 사회 전체의 면역을 키워야 한다는 사실을 알게 된 것은 그리 오래된 일이 아닙니다.

인류는 지금까지 바이러스가 일으키는 질병을 찾아내고 막는 일에 주로 힘을 쏟았어요. 그럴 수밖에 없었죠. 워낙 많은 사람들이 병에 걸리고 죽어 갔으니까요. 수천 년간 영문도 모르고 당하다가 드디어 바이러스라는 존재를 알아내고, 물리칠 방법까지 찾았으니 빨리 모든 병을 없애 버리겠다는 생각에 사로잡힐 수밖에요.

하지만 과학이 계속 발달하면서 우리는 바이러스가 그렇게 간단한 문제가 아니란 사실을 깨닫게 되었어요. 무엇보다 우리에게 병을 일으키는 것들 말고도 수많은 바이러스가 존재한다는 사실이 밝혀졌습니다.

지금까지 알려진 바이러스는 대략 6천 종입니다. 하지만 과학자들은 지구상에 얼마나 많은 바이러스가 존재하는지 짐작도 못해요. 아마 수백만 종이 있을 거라고 추측할 뿐입니다. 지금 이 순간에도 새로운 바이러스가 끊임없이 보고되고 있어요.

그중 인간에게 병을 일으키는 바이러스는 200종 정도에 불과합니다. 그럼 나머지 5천 800여 종의 바이러스는 뭘 할까요?

세균을 감염시키는 바이러스, 박테리오파지

지구상에 존재하는 바이러스를 숫자로 치면 10의 31제곱 개라고 합니다. 1 뒤에 0이 31개 붙은 숫자예요. 우주에 있는 모든 별의 개수를 합한 것보다 1억 배 더 많습니다. 지구상에 존재하는 모든 바이러스를 한 줄로 나란히 세우면 우리 은하계 지름의 약 1천 배, 태양계 지름의 약 30억 배, 지구 지름의 약 770경 배가 됩니다.

과학자들은 바이러스가 가장 많이 사는 곳은 바다라고 생각해요. 어찌 보면 바닷속 환경도 육지와 비슷해요. 동물도 살고, 식물도 살고, 세균과 바이러스도 살죠.

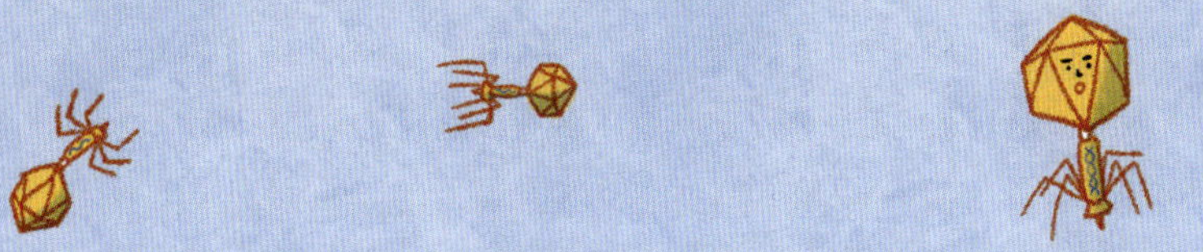

바다에 사는 바이러스와 세균을 모두 합치면 그 무게는 코끼리, 떡갈나무, 고래, 개나리, 악어와 개구리, 고사리와 이끼처럼 우리 눈으로 볼 수 있는 동물과 식물을 모두 합친 것보다 훨씬 더 무겁다고 해요. 세균과 바이러스가 얼마나 많은지 짐작이 되나요?

바다에서 바이러스는 주로 세균을 없애요. 사실 대부분의 바이러스는 우리를 못살게 구는 게 아니라 세균을 못살게 굽니다. 이렇게 세균을 감염시키는 바이러스를 박테리오파지, 또는 그냥 파지라고 합니다.

바이러스에 감염된 세균은 몸이 터져 죽고 맙니다. 그때 세균 속에 있던 영양분이 흘러나오고, 그걸 플랑크톤처럼 작은 바다 생명체가 먹고, 그걸 좀 더 큰 생명체가 먹죠. 이런 식으로 바닷속 먹이 사슬과 생태계가 유지됩니다.

최근 연구에 따르면 흙 속에서도 비슷한 현상이 벌어집니다. 일부 학자들은 바다보다 흙 속에 더 많은 바이러스가 있을지도 모른다고 생각합니다. 흙은 물보다 연구하기가 훨씬 어렵기 때문에 정확히 밝혀지지 않았을 뿐이라는 거죠.

흙 속에 있는 대부분의 세균은 바이러스에 감염되어 있기 때문에 오래 살지 못해요. 세균이 죽으면서 방출된 인과 질소는 식물에게

없어서는 안 될 영양분이죠. 결국 식물이 쑥쑥 자라나고, 동물과 인간이 그 식물을 먹고 살아갈 수 있는 것도 바이러스 덕분이에요.

  우리는 바위가 깨어져 모래가 되고, 모래가 깨어져 흙이 된다고 생각하지만, 사실 흙은 단순히 바위를 잘게 부순 것이 아닙니다. 흙 자체가 살아 숨 쉬는 생태계로 유지되는 것은 그 속에서 활발히 활동하는 미생물 덕입니다.

산소를 만드는 청록색 세균

우리는 잠시도 숨을 쉬지 않으면 살 수 없습니다. 숨을 쉰다는 것은 산소를 섭취하고 이산화 탄소를 몸 밖으로 내보내는 거예요. 그러면 산소는 어디에서 생겨날까요? 식물은 광합성을 하면서 이산화 탄소를 받아들이고 산소를 내뿜는다고 배웠을 거예요.

식물이 만들어 내는 산소도 있지만, 바다에 사는 '청록색 세균'도 산소를 만들어 내요. 청록색 세균이 산소를 만들어 내는 유전자는 바이러스에서 온 것이랍니다.

또한 바이러스에 감염되어 죽은 청록색 세균은 깊은 바다 밑으로 가라앉는데, 그때 청록색 세균의 몸속에 들어 있던 이산화 탄소도 함께 가라앉죠.

지구 온난화라는 말을 들어 보았을 거예요. 지구가 갈수록 더워진다는 뜻이에요. 지구 온난화의 가장 중요한 원인은 이산화 탄소입니다.

결국 청록색 세균은 우리가 숨 쉬는 산소를 만들어 내고, 이산화 탄소를 바다 밑으로 끌고 들어가 지구 온난화를 막아 줘요. 이 모든 일이 따지고 보면 바이러스에 의해서 일어나죠.

지구의 주인공은 인간이 아니야

모든 생명의 근원인 바다, 우리가 발 딛고 사는 땅, 잠시도 없어서는 안 될 공기가 바이러스 덕에 만들어진 셈이죠? 우리는 우리가 세상의 주인공이고, 세균이나 바이러스는 가끔씩 고개를 내밀어 성가시게 하는 훼방꾼이라고 생각하지만 사실은 정반대예요.

재미난 비유가 있어요. 지구의 역사를 45억 년 정도로 보는데, 미생물은 약 35~40억 년 전에 나타났다고 해요. 인간이 나타난 시기는 10~20만 년 전으로 추정하고요.

그렇게 긴 시간은 실감이 나지 않으니까 생명의 역사를 24시간이라고 쳐 봐요. 미생물은 24시간 동안 지구에 살아왔어요.

우리는요? 우리가 존재한 시간은 24시간 중에 마지막 2초밖에 안 돼요. 인간은 하루 종일 미생물이 살고 있던 지구에 느닷없이 2초 전에 나타나 자기가 주인공이라고 착각하는 존재라는 거죠.

다음 24시간 동안에도 미생물은 끄떡없이 살아가겠지만, 우리 인간은 1초를 살지, 2초를 살지, 아니면 1시간 정도 살지 알 수 없어요. 분명한 것은 지금처럼 살다가는 앞으로 1초도 못 산다는 사실이에요.

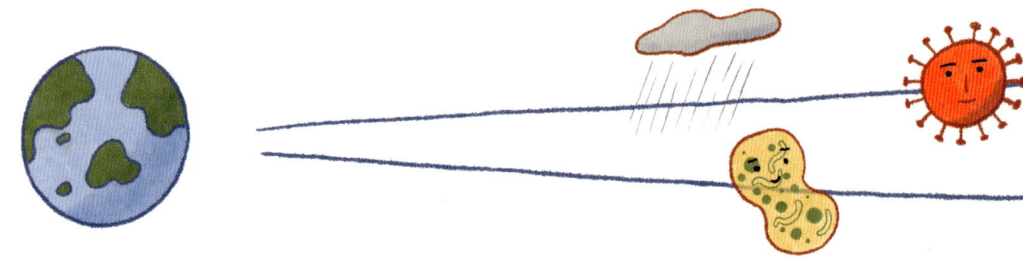

우리 유전자 속에 남아 있는 바이러스의 흔적

 바이러스는 이렇게 오랜 시간 동안 존재하면서 모든 생물이 만들어지는 데 결정적인 역할을 했어요. 아득한 옛날, 지구상에 처음 나타난 생명은 단 한 개의 세포였습니다.

 하지만 우리가 아는 많은 동물과 식물은 모두 여러 개의 세포로 이루어져 있어요. 앞서 얘기했지만 인간은 약 40조 개의 세포로 되어 있죠. 한 개의 세포로 이루어진 생명체를 단세포 생물, 여러 개의 세포로 이루어진 생명체를 다세포 생물이라고 합니다.

 다세포 생물은 단세포 생물이 진화해서 만들어졌는데 그러려면 세포들 사이에 대화를 해야 해요. "나는 심장이 될 테니 너는 콩팥이 되고 너는 눈이 돼라."라고 얘기를 주고받아야 하는 거죠.

 과학자들은 이렇게 세포들 사이에 대화를 주고받는 능력이 먼 옛날 바이러스가 세포를 감염시킨 덕분에

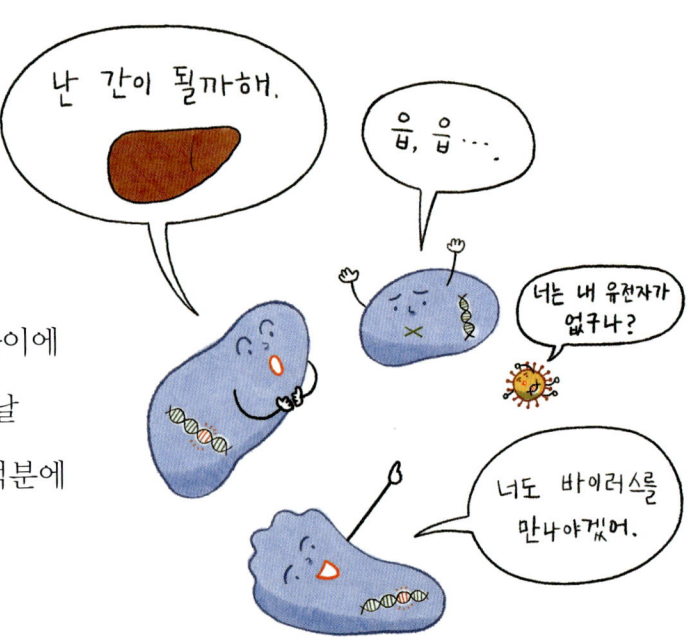

생겼다고 주장해요. 그 증거로 우리 유전자에 남아 있는 바이러스 유전자를 들 수 있어요.

우리 유전자 중 10% 정도는 바이러스의 유전자입니다. 먼 옛날 우리 조상의 몸에 들어왔다가 떠나지 않고 남았죠.

이런 바이러스와 우리는 서로 다른 존재가 아니라, 오랜 진화의 역사 속에서 하나로 합쳐졌다고 보는 것이 맞습니다. 바이러스가 우리의 일부란 뜻이에요. 지구상의 모든 동물과 식물도 마찬가지고요.

바이러스는 너와 함께 살아

이렇게 바이러스는 오랜 시간 동안 우리가 사는 환경을 만들고, 우리 존재 자체를 만들어 왔다고 할 수 있어요. 그렇다면 지금 이 순간 바이러스는 우리 몸속에서 어떤 일을 하고 있을까요?

과학의 역사는 눈에 보이지 않는 것을 '보게' 된 역사라고 할 수 있습니다. 눈에 보이지 않는 것에는 두 가지가 있어요. 너무 작아서 보이지 않는 것과 너무 커서 보이지 않는 것입니다.

예컨대 은하계나 블랙홀, 중력파처럼 너무 큰 차원에서 일어나는 일은 우리 감각으로 쉽게 파악할 수 없어요. 이런 현상을 보게 된 것은 과학이 발달한 덕이죠.

거꾸로 너무 작은 것, 즉 세균이나 바이러스를 보게 된 것도 결코 쉬운 일이 아니었습니다. 그리고 미생물을 점점 더 잘 보게 된 결과, 우리는 이것이 단지 병을 일으키는 병원체만이 아니라는 사실을 깨닫고 있어요.

미생물은 우리 주변 어디나 있다고 했죠? 우리 몸속에도 엄청난 미생물이 살아요. 우리 몸의 세포는 40조 개쯤인데, 우리 몸에 사는 세균과 바이러스는 그보다 훨씬 많아요.

저런! 그럼 우리는 당장 감염병에 걸려 죽는 게 아닐까요?
안심하세요. 이런 미생물은 오히려 우리를 건강하게 해 줘요. 우리가 맛있게 먹은 음식을 잘 소화시킬 수 있는 것도, 면역계가 밖에서 침입한 적과 싸울 뿐 자기 몸을 공격하지 않는 것도, 심지어 기분 좋게 친구들과 어울리고 공부를 잘할 수 있는 것도 미생물 덕이에요.

이렇게 우리 몸에 깃들어 살면서 건강에 유익한 역할을 하는 미생물을 모두 합쳐서 정상 **미생물총**이라고 해요. 정상 미생물총이 없다면 우리는 한 순간도 건강하게 살 수 없습니다.

미생물총이 우리에게만 있지는 않아요. 모든 동물과 식물은 자신만의 미생물총을 갖고 있어요. 우리와 마찬가지로 동식물과 그들의 몸에 사는 미생물총은 기나긴 세월 동안 서로 적응해 왔어요. 이제 떨어져 살 수 없는 동반자가 된 관계죠.

한 마리의 동물, 한 포기의 풀, 한 그루의 나무 안에는 수억 년 동안 함께 진화해 온 미생물들이 삽니다. 하나의 생명이 아니라 우주의 별만큼이나 많은 생명이 그 속에 있죠. 동물과 식물의 몸은 그 속에 깃들어 사는 세균과 바이러스에게 하나의 생태계, 하나의 우주입니다. 그 생태계가 무너질 때, 그 우주가 없어질 때 어떤 일이 벌어질까요?

05

모든 생물은
생태계다

전 세계를 공포에 빠트린 전염병

2019년 12월에 시작된 코로나19 유행이 멈출 기미를 보이지 않습니다. 우리는 어쩌다 이렇게 무서운 전염병을 불러들였을까요?

100년 전에도 이렇게 큰 유행병이 있었어요. 보통 스페인 독감이라고 부르지만, 사실 미국에서 시작된 유행성 독감입니다. 이 독감으로 4~5천만 명이 사망했죠. 하지만 그 뒤로 100년간 이렇게 큰 전염병이 없었던 데다, 백신과 항생제로 수천 년간 인류를 괴롭히던 병들을 하나둘씩 해결하면서 인류는 자신을 얻었습니다.

천연두라는 무서운 병을 지구상에서 완전히 몰아냈을 때는 모든 감염병을 정복할 수 있으리란 꿈에 부풀기도 했어요. 암이나 비만, 고혈압, 당뇨병 같은 만성 질병들이 문제지 감염병은 문제가 되지 않는다고 생각했죠.

하지만 언제부턴가 우리가 잘 모르는 새로운 전염병들이 점점 자주 찾아온다는 걸 눈치 채고, 조심해야 한다고 경고한 사람들이 있었습니다. 1918년 스페인 독감부터 그런 추세가 이미 시작되었다고 주장하는 사람도 있죠. 어쨌든 1970년대, 그러니까 지금부터 50년 전부터는 듣도 보도 못한 신종 전염병이 확실히 더 많이 발생하고 있어요. 왜 이런 일이 생길까요?

인간에게는 위험한 동물 미생물

그 이유를 알려면 앞서 얘기한 미생물총을 이해해야 해요. 모든 동물과 식물은 자신만의 미생물총을 갖고 있다고 했죠? 동식물과 그들의 몸에 깃들어 사는 미생물총은 기나긴 세월 동안 서로 적응한 결과, 떨어져 살 수 없는 동반자가 되었어요.

중요한 건 동물의 미생물이 우리에게 넘어올 수 있다는 사실입니다. 동물의 미생물과 우리는 오랫동안 적응한 관계가 아닙니다. 미생물은 우리가 낯설고, 우리 몸은 미생물이 낯설어요. 너무 낯설어서 사이좋게 지내기가 어려워요.

예를 들어 볼게요. 대장균이란 세균이 있어요. 말 그대로 동물의 대장에 살죠. 종류가 많아서 알파벳과 숫자로 된 기호로 부릅니다.

O157이라는 대장균은 소의 대장균이에요. 소의 몸속에서는 아무 문제를 일으키지 않죠. 하지만 비위생적인 식품을 통해 인간에게 넘어오면 출혈성 대장염이라는 무서운 병을 일으킵니다. 햄버거병이라고도 하는데 얼마 전에 우리나라에서 집단 발병했어요. 뉴스에서 들어 본 친구들도 있을 거예요.

지금 유행하는 코로나19도 박쥐에서 인간에게 넘어온 병원체입니다. 박쥐에게는 아무 문제도 일으키지 않지만, 인간에게 넘어와서는 무서운 병을 일으키는 거죠. 이렇듯 다른 동물의 미생물이 우리에게 넘어오면 때때로 큰 병이 생기고, 다른 사람에게 전염되어 엄청난 유행을 일으키기도 해요.

동물의 몸에서 평화롭게 살던 미생물이 왜 우리 몸으로 넘어올까요? 그건 우리가 동물과 밀접하게 접촉하기 때문입니다.

홍역, 결핵, 천연두, 백일해처럼 우리를 괴롭혀 온 많은 병들 역시 1만 년 전 인류가 농경을 시작하면서 길들인 가축에서 인간으로 넘어왔어요. 이런 병은 워낙 오래되었기 때문에 우리는 완벽하지는 않지만 면역을 갖고 있어요. 항생제나 백신을 써서 꽤 효과적으로 대처할 수도 있고요. 하지만 신종 전염병은 사정이 전혀 달라요.

신종 전염병은 말 그대로 새로 접촉한 동물에서 넘어옵니다. 오래도록 함께 살아온 가축이 아니라 야생 동물에서 넘어온다는 뜻이에요.

원래 야생 동물은 산이나 깊은 숲속에, 인간은 마을에 살았습니다. 그런데 지금 인류는 무서운 속도로 생태계를 파괴해 동물이 살 곳이 갈수록 줄고 있어요.

문제는 인간이야

우리는 골프장과 아파트를 짓기 위해 오래된 숲을 밀어 버립니다. 도로를 내기 위해 수천 년간 유지되었던 생태계를 동강 내 놓고는, 그 위로 온실가스를 내뿜으며 자동차를 몰고 다녀요. 도시와 항구를 만들고, 이제는 목재와 농산물을 얻기 위해 지구의 허파 역할을 하는 열대 우림에 불을 놓는 일도 서슴지 않죠.

인간이 일으킨 기후 변화로 빙하가 녹고, 해수면이 높아지고, 바닷속 환경도 변합니다. 이제 동물은 갈 곳이 없어요. 인간이 지은 집과 공장과 도로에 밀려 보금자리를 빼앗긴 채 굶주린 동물은 먹이를 찾아 인간의 주거지로 들어옵니다. 인간과 동물의 접촉이 날로 늘어나는 거예요.

이뿐만이 아닙니다. 우리는 동물을 함부로 대해요. 숲이나 초원에서, 깊은 바다에서 평화롭게 살던 동물들을 잡아다 동물원과 수족관에 가두고 관람하죠. 쇼를 시키거나 등에 올라타고 좋아합니다. 그때마다 동물의 몸속에 살던 미생물이 우리에게 넘어와요.

게다가 인간에게 필요한 고기를 위해, 실험을 위해, 심지어 즐거움을 위해 동물을 죽이죠. 동물이 사라지면 그 몸속에 살던 미생물 역시 갈 곳을 잃어요.

그런데 수많은 동물이 멸종 위기에 처한 지금, 점점 늘어나는 동물이 있습니다. 바로 인간입니다. 그러니 미생물이 우리 몸속으로 뛰어드는 거예요.

다시 말하지만 동물의 미생물은 동물과, 인간의 미생물은 인간과, 긴 세월 서로 적응하며 살아 왔어요. 하지만 인간의 몸속에 뛰어든 동물의 미생물은 우리에게 낯선 존재일 뿐이에요.

낯선 미생물이 몸에 들어오면 우리의 면역계는 즉시 격렬한 공격을 퍼부어 심한 면역 반응이 일어나요. 질병이 시작되는 거죠.

생태계를 파괴하는 인간의 활동

게다가 지금의 세상은 질병이 금세 널리 퍼지기에 더없이 좋은 환경입니다. 우리가 끊임없이 돌아다니기 때문이에요. 우리는 바이러스가 몸속에 들어와 아직 병을 일으키기도 전에 비행기를 타고 눈 깜짝할 새에 지구 반대편으로 건너갈 수 있습니다.

필요도 없는 물건들을 더 싼값에 사려고 자유 무역을 하고요. 컨테이너를 가득 실은 거대한 배가 바다를 누비며 항구에 정박할 때마다, 다른 지역의 동물이나 곤충이 화물과 함께 부려져 그 지역에 퍼집니다.

생태 관광, 체험 관광을 한다고 낯선 곳을 찾아가 낯선 동물들을 끌어안고 먹이를 준 다음, 하루 이틀 만에 집으로 돌아옵니다. 거기서 찍은 사진을 인스타에, 페이스북에 올리면 다른 사람들도 앞다투어 그곳을 찾죠. 그때마다 바이러스가 세계 각지로 퍼집니다.

우리는 싼값에 고기를 먹기 위해 수많은 닭과 수많은 돼지와 수많은 소들을 좁은 곳에 몰아넣고 기릅니다. 한 마리의 닭이 일생 동안에 A4 용지만 한 공간을 벗어나지 못한다는 말을 들어 봤나요?

다시 말하지만 한 마리의 동물은 하나의 생태계이고, 하나의 우주입니다. 동물을 이렇게 대접하는 것도 기가 막히지만, 이런 식으로 동물을 기르는 것은 위험하기도 합니다.

　예를 들어 독감 바이러스는 닭의 몸속에서 숫자가 크게 불어난 뒤, 근처 농장에 있는 돼지에게 옮겨질 수도 있습니다. 전혀 다른 환경을 맞은 바이러스는 전혀 다른 방향으로 진화하죠. 그러다가 인간에게 치명적인 변종 바이러스가 생길 수도 있습니다. 닭과 돼지의 몸속에서 자란 바이러스가 저마다 인간에게 넘어와 우리 몸속에서 전혀 다른 신종 바이러스가 될 수도 있고요.

　바이러스를 죽이는 약이나 백신을 개발한다면 문제를 해결할 수 있을까요? 앞서 말했듯이 사람과 동물을 공통으로 감염시키는 병, 인수공통감염병은 그런 방식으로 완전히 해결할 수 없습니다. 게다가 우리가 끊임없이 자연을 파괴하기 때문에 계속 새로운 바이러스가 나타날 겁니다.

  아마존 열대 우림 깊은 곳이나 지구 온난화로 인해 녹고 있는 빙하 밑에서 새로운 병원체가 나타날 수도 있어요. 방법은 하나뿐입니다. 당장 자연 파괴를 멈추고 동물이 살던 곳에서 평화롭게 살 수 있게 해 주어야 합니다.

평범한 일상으로 돌아가서는 안 돼요!

그러니 코로나19가 어디서 왔느냐고 물어서는 안 됩니다. 바이러스가 어디서 온 게 아니라, 우리가 다가간 겁니다. 코로나19는 우리가 불러들인 재앙이에요.

환경 파괴, 기후 변화, 전 세계적 전염병은 서로 다른 문제가 아니라 한 가지 문제입니다. 바로 인간이죠. 이제 이 아름다운 행성 위에서 모든 생명과 더불어 살아갈 길을 찾아야 합니다.

우리 인간은 너무 똑똑하고, 너무 어리석습니다. 할 수 있는 일과 해서는 안 될 일을 분간하지 못하죠. 지금이라도 정신을 차려 진정 무엇이 중요한지 깊이 생각하고, 해서는 안 될 일을 중단한다면 우리는 살아남을 겁니다. 그러지 못한다면 우리의 미래는 매우 어둡습니다.

코로나19로 인한 전염병의 대유행을 맞아 우리는 두려움에 몸을 떱니다. 생활에 여러 가지 제한이 따르니 불편하고 답답합니다. 항상 마스크를 써야 하고, 학교에서 친구들과 마음껏 놀 수도 없고, 좋아하는 음식점에서 맛난 것들을 즐겁게 먹을 수도 없습니다. 누구나 평범한 일상으로 돌아가기를 간절히 원합니다.

하지만 우리의 평범한 일상은 어땠나요? 풍요로운 삶에 중독되어 물을 오염시키고, 온실가스를 뿜어내고, 쓰레기를 마구 쏟아 내지 않았던가요?

전염병은 언젠가 물러갈 겁니다. 이렇게 큰일이 벌어졌으니 모든 나라가 공공 의료를 확충하고 전염병 대응 체계를 갖추는 데 전력을 다하겠죠. 그러면 우리는 좀 더 안전해질까요? 그렇지 않습니다. 지금처럼 성장과 발전과 풍요를 좇아 계속 자연을 망가뜨리면 계속 새로운 전염병이 우리를 찾아올 겁니다.

우리는 평범한 일상으로 돌아가서는 안 됩니다. 조금 불편하고, 조금 귀찮더라도 자연과 생명을 지켜야 해요.

모든 동물과 식물과 그 속에 깃든 미생물은 하나의 생태계입니다. 수억 년 진화의 역사를 고스란히 간직한 하나의 우주입니다. 그 시간과 생명을 내 것처럼 존중할 때 비로소 우리는 희망을 가질 수 있습니다.

작가의 말

코로나19라는 무서운 전염병이 전 세계를 덮친 지도 1년이 훨씬 넘었습니다. 전 세계적으로 확진자 수는 2억 명을 향해 치닫고 있고, 300만 명 이상이 사망했습니다. 하지만 백신이 개발되었고, 각국이 방역과 공공 의료에 필사적인 노력을 기울인 덕에 조금씩 수습되어 가는 기미도 보입니다. 물론 변종 바이러스가 출현하여 저개발국가를 중심으로 급속히 퍼지고 있는 등 아직도 불안한 점이 많습니다. 인류 전체가 맞닥뜨린 이 엄청난 비극을 우리는 어떻게 바라봐야 할까요?

코로나19는 전염병입니다. 그러니 지금의 사태를 의학적인 면에서 볼 수 있습니다. 바이러스라는 병원체와 인간의 싸움으로 보는 거죠. 그렇다면 우리가 바라는 결말은 과학 발달에 힘입은 인간의 승리일 겁니다.

조금 더 넓게 본다면 전염병에 대응하는 과정에서 나타난 과학 이외의 문제들로 눈을 돌려 볼 수 있습니다. 우리 사회에서 가장 약한 사람은 누구일까요? 그들을 어떻게 돌봐야 할까요? 백신과 과학을 불신하는 사람을 어떻게 설득해야 할까요? 백신과 치료제를 개발한 국가, 그것들을 충분히 살만큼 돈이 많은 나라와 돈이 없어 수많은 사람이 죽어 갈 수밖에 없는 나라 사이의 불균형은 어떻게 해결해야 할까요?

모두 중요한 문제입니다. 하지만 저는 책을 읽는 분들과 함께 문제를 한층 더 넓고 깊게 보고 싶었습니다. 그래서 시간적으로 지구에 생명체가 출현한 순간부터 지금까지, 공간적으로 지구라는 환경을 이루는 땅과 바다와 하늘과 모든 생물을 함께 바라보려고 했습니다.

　먼저 바이러스가 얼마나 작은지, 우리는 바이러스를 어떻게 발견했는지, 바이러스는 인류에게 어떤 병을 일으키고 어떤 영향을 미쳤는지, 우리 몸은 바이러스에 어떻게 대응하는지 알아보면서 미생물에 대한 기초적인 사실들을 짚어 보았습니다. 그 지식을 바탕으로 사회 전체의 면역을 돌아본 후, 미생물이 태초부터 존재하면서 지구 환경과 생물의 모습을 만드는 데 결정적인 역할을 했음을 설명했습니다. 결국 모든 생물과 미생물은 거대한 조화 속에서 살아가고 있으며, 인간의 활동이 그런 조화를 깨뜨릴 때 우리는 무거운 대가를 치르게 될 것을 강조했습니다. 이 사실을 깨닫는 것이야말로 코로나19라는 재앙을 가장 잘 읽어 내는 길이라고 믿습니다.

　어린이와 청소년을 대상으로 쓴 책이지만 과학적 사실과 사고의 전개 과정이 조금 어려운 부분이 있으리라 짐작합니다. 부모님이나 선생님들께서 잘 도와주시리라 믿습니다. 어린이와 청소년이 올바른 시각을 갖는 것이 우리의 가장 큰 희망일 테지요. 아울러 어른들도 가볍게 읽어 주시기를, 그리고 책의 메시지를 많이 생각해 주시기를 기대합니다.

　아이디어를 제안해 주시고, 거칠고 부족한 원고를 반짝반짝 다듬어 주신 그레이트북스의 이선아 팀장님, 위트 넘치고 사려 깊은 삽화로 수십, 수백 배 훌륭한 책을 만들어 주신 최경식 선생님, 우정과 격려를 담뿍 담은 추천사를 써 주신 정인경, 최원형 선생님께 감사 드립니다.

2021년 5월 지은이 **강병철**